DES MOYENS

DE

CONSERVER LES ANTILLES

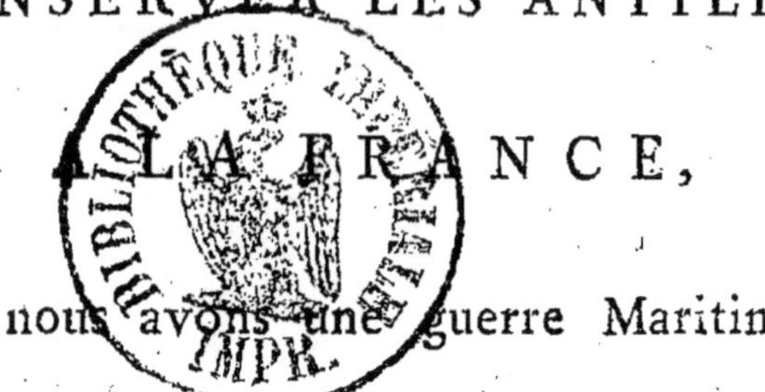

A LA FRANCE,

Si nous avons une guerre Maritime.

Par J. B. BOYER-FONFRÈDE,

Député de la Gironde.

A PARIS;

Chez la veuve LEJAY, Imprimeur de la Régie National
de l'Enregistrement et des Domaines, rue Sainte-Croix,
aux Capucins de la chaussée d'Antin.

1793.

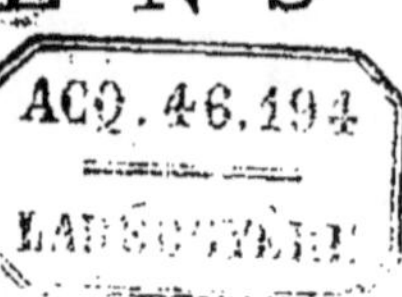

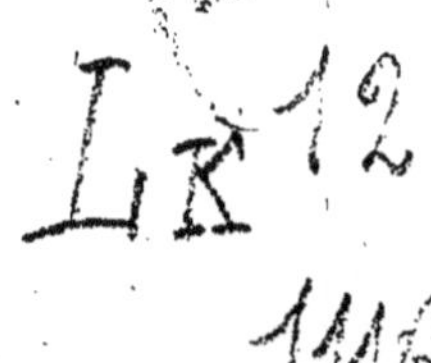

CITOYENS,

DES fléaux qui peuvent affliger les peuples indus.
trieux, le plus grand de tous est celui d'une guerre
maritime ; le commerce alimente et soutient les guerres de terre ; les guerres maritimes coupent toutes
les veines au commerce ; les guerres sur le continent
fournissent souvent des germes féconds à l'émulation
et au travail ; elles ne dévastent que quelques points
sur la terre ; les guerres maritimes amènent l'inertie
dans tous les travaux, transforment le paisible navi-
gateur en corsaire intrépide , substituent la passion
du brigandage aux efforts de l'industrie , attaquent
ainsi la morale publique , promènent la discorde d'un
pôle à l'autre , et finissent par embràser les deux
mondes. Tel est , Citoyens , l'avenir qui menace notre Patrie , et que nous sommes appellés à conjurer.

Envain l'intérêt , la politique , l'accord même de
quelques-uns de nos principes , des témoignages écla-
tans de fraternité sembloient avoir détruits ces vieilles

haînes que des ministres appelloient nationales ; que des intérêts commerciaux mal entendus avoient inspirées, et qui trop long-temps, pour leur malheur, divisèrent deux peuples généreux ; les Anglais avoient abdiqué un moment ces préjugés destructeurs ; on assure que les menées d'un ministre artificieux les ont réveillées ; on assure qu'il nous faudra bientôt compter parmi nos ennemis, ceux que nous voulions compter parmi nos frères ; on assure que le Gouvernement anglais, renonçant aux bénéfices du traité de 1786, traité dans lequel les intérêts de la France furent indignement sacrifiés, veut, pour satisfaire la noble rage de quelques lords et de quelques évêques, compromettre la prospérité du commerce et des manufactures de la Grande-Bretagne. Eh, bien ! notre audace doit s'accroître avec le nombre de nos ennemis. La liberté a donné à la France de nouveaux Turenne et de nouveaux Villars, elle fera paroître aussi des Duguaytrouin et des Jean-Bart. Point de lâches foiblesses ; ni de timides considérations ; point de médiation. Armons nos vaisseaux ; nos intrépides marins ont tous la même ardeur, le même courage que les vainqueurs de Gemmap et de Spire, et nos pavillons seront victorieux sur les mers comme nos drapeaux dans les plaines de la Belgique. Mais pourquoi faut il que les négocians de deux peuples, dont le commerce avoit entrelacé les fortunes et les échanges, fassent succéder l'ardeur de se nuire, de se détruire au paisible trafic qui enrichissoit les deux états ; c'est pour tous deux une diminution de travail et d'aisance, et les vrais intérêts des nations n'exigeroient-ils pas qu'au milieu des hostilités meurtrières qui les déchirent, la politique laissât, de part et d'autre, un libre cours aux liaisons du commerce ; et s'il faut que les peuples renoncent à ce bienfait que la philosophie de l'Assemblée législative avoit offert à leurs espérances, je vais du moins tâcher de découvrir quel est le genre de protection le plus efficace que vous devez porter aux Antilles.

Ce n'est pas ici le lieu d'examiner si jamais les vrais principes sur lesquels devroient être établis les rapports entre la Métropole et les Colonies ont été respectés ; si tour-à-tour les intérêts opposés des marchands et des colons, l'ignorance du Gouvernement, et la versatilité des administrateurs n'ont pas soumis les Colonies à des réglemens destructeurs de toute prospérité ; nous avons toujours voulu avoir des sujets, et non des alliés au-delà des mers ; c'est lorsque nous y aurons rétabli la paix et l'ordre, que nous nous occuperons de l'espèce de lien qui doit les attacher à la France.

Toutes les Colonies Européennes ont été désolées et par les fureurs des flibustiers ou des hardis navigateurs qui les découvrirent ou les fondèrent, et par l'intolérance des prêtres qui bientôt les y ont suivis, (car il y avoît de l'or dans ces nouvelles régions), et par l'absurdité des réglemens prohibitifs ; toutes ces causes, contrariant la nature, y ont arrêté l'industrie et l'agriculture dans leurs développemens, et ne leur ont permis de marcher qu'à pas lents vers la splendeur et la prospérité. Le même esprit qui régnoit dans le conseil des despotes, ne doit pas dominer dans une assemblée d'hommes libres ; et c'est sur-tout, Citoyens, en changeant notre système commercial avec les Colonies, en associant , pour ainsi dire , la nouvelle Angleterre au partage de leurs produits, que nous assurons d'un côté leurs subsistances, et que de l'autre nous rendrons vaines, et par l'intérêt, et par les faciles secours de ces nouveaux alliés, les entreprises des puissances maritimes qui voudroient nous ravir ces précieux domaines.

Les Antilles doivent avoir des rapports avec la nouvelle Angleterre , c'est le vœu de la nature ; nous devons être liés avec elle par un traité de commerce ; c'est à la fois le vœu de nos convenances et celui de nos principes. A la ligue des rois, il faut opposer la ligue des peuples libres. Peut - être les clameurs de quelques commerçans, accoutumés à prendre leur routine pour des principes , et leurs habitudes pour des axiômes d'économie politique, vont-elles à cette idée se faire entendre ; je suis aussi commerçant , je suis aussi d'une ville commerçante ; et ce sont ses vrais intérêts que je veux aussi défendre dans cette assemblée. Je connois tous les avantages que les Antilles ont procurés dans la balance de l'Europe aux peuples qui les possèdent. Elles ont augmenté leurs jouissances ; elles ont valu à leurs denrées de nouveaux débouchés ; elles ont accru la masse de leurs exportations , et par conséquent celles de leur produit et de leur travail. La population a dû augmenter avec les moyens de subsistances : c'est parce que je connois tous ces avantages attachés à la possession des Isles Américaines, que je vous propose le seul moyen qui puisse les conserver à la France. Kersaint , dans les vues qu'il vous a développées , a parlé trop légèrement de la perte possible des Colonies ; il a avancé trop légèrement qu'elles n'étoient, en cet instant, qu'un pesant fardeau pour la France; il n'a pas songé aux millions de citoyens que leur perte ruineroient ; il n'a pas assez songé que leurs produits ayant triplé de valeur, et ayant été importés en France, ils nous ont donné encore de puissans moyens d'échange avec nos voisins, et ont contrarié la dégradation des changes que néanmoins la multiplication des signes aggrave chaque jour ; et croyez-vous que, pour lutter contre cette baisse des changes, le rêve des conquêtes de l'Asie et de l'Amérique dont Kersaint a égayé votre imagination , vous fût d'un secours aussi efficace que la possession des Isles à sucre ? Kersaint proposoit aussi, il y a huit mois, d'abandonner nos établissemens dans l'Inde, et d'en prohiber le commerce et même les denrées ; il n'ignore pas cependant, que chez un peuple amolli par les jouissances du luxe, c'est une bien foible digue qu'une prohibition. A quoi veut-il donc que nous employions nos marins et nos vaisseaux, et notre population de 25 millions d'hommes ? N'est-ce donc, comme il le dit , qu'un *stérile honneur*, et non pas un avantage réel, que le commerce qui forme des marins pour la Patrie ? On n'équipe pas un vaisseau comme on forme un bataillon. Ici , l'ardeur et le courage suppléent à une parfaite discipline ; mais sur les mers, l'ardeur et le courage ne peuvent suppléer à l'expérience ; la théorie y est peu de chose , sans une pratique acquise ; on ne lutte pas aussi facilement avec les orages et les tempêtes , que contre les bataillons de la Prusse et de l'Autriche.

Rappellons-nous, Citoyens, que nos loix républitaines feront de la profession des armes celle de tous les citoyens; et non plus celle d'une classe particulière. La justice deviendra aussi un devoir de tous, et non pas une profession de quelques-uns ; et enfin, le métier des prêtres menera si peu à la fortune, que je doute que beaucoup de citoyens industrieux s'y dévouent. Quelle carrière sera donc ouverte à tous les citoyens ? L'agriculture et le commerce ; nous devons donc les protéger ; nous ne voulons pas régner par le fer ; nous ne voulons pas que la faim et le brigandage donnent la loi à notre Patrie ; l'un et l'autre suivent le défaut de travail qu'amène la cessation du commerce ; et un peuple d'oisifs est bientôt un peuple de brigands.

Il faut donc, Citoyens, repousser cette idée de l'abandon utile des colonies ; idée qui, pour le dire en passant, a déjà jetté la terreur et le découragement dans toutes nos villes maritimes ; elles ont vu se creuser devant elles un vuide immense ; qui alloit engloutir et leurs créances et leurs capitaux. L'indispensable nécessité de conserver ces riches établissemens, est senti par tous ceux qui connoissent nos rapports ; quel puissant appas cette résolution désespérée n'offriroit-elle pas à ce ministre artificieux qui nous poursuit depuis long-temps par ses intrigues, et qui veut nous poursuivre par ses flottes ? Ne seroit-ce pas là donner aux Anglais, qui se croient trop payés de leurs trésors quand ils peuvent en racheter le sacrifice par l'acquisition d'une branche nouvelle d'industrie, un prétexte de plus à croire que la guerre qu'ils vont nous faire est une *guerre nationale* ? Ne mettriez-vous pas ainsi aux prises l'intérêt mercantile de quelques négocians, avec les restes d'un esprit public déjà presqu'éteint dans cette Isle asservie ? Et sommes-nous donc si promptement revenus à ces temps désastreux où le pavillon français trembloit et n'osoit voguer devant celui de la Grande-Bretagne ?

Mais si vous pouvez protéger vos Colonies, qui sont au reste d'une facile défense, par quelques flottes, pouvez-vous, de même, dans le cas d'une guerre maritime, pourvoir à leurs subsistances, et aux approvisionnemens des troupes que vous y entretenez ?

Je pourrois d'abord, Citoyens, reporter vos regards au temps des guerres passées; le ressouvenir salutaire des désastres des guerres maritimes de 1744 et 1756 ; celui des deux premières années de la guerre de 1778, où l'admission des neutres dans nos Colonies ayant été prohibée, l'effroyable disette des subsistances y renouvella toutes les infortunes de la guerre précédente ; ces malheurs, cette expérience du passé vous éclaireroient pour l'avenir.

Les engagemens téméraires et exclusifs du commerce français compromirent l'approvisionnement des Colonies, celui de leurs troupes, et des flottes qui étoient dans leurs rades ; enfin, après deux ans la prohibition fut révoquée, et les Colonies jouirent jusques à la paix des douceurs de l'abondance.

Le Commerce français n'a donc pu, en temps de guerre, pourvoir seul aux approvisionnemens des Colonies ; et, cependant, lorsqu'on le tenta, les récoltes avoient été bonnes, la sortie des grains n'étoit point prohibée, des emmagasinemens immenses ne devoient point être faits pour des armées nombreuses ; la France n'étoit point réduite à la coûteuse ressource d'en tirer de l'étranger ; elle étoit dans l'abondance. Ce qui échoua alors, pourroit-il réussir aujourd'hui ? Pouvez-vous, d'ailleurs, permettre l'exportation des farines, lorsque vous en faites acheter en dehors de nos frontières ? Et enfin, si, passant, par une inconséquence inexplicable, par-dessus tous les obstacles, vous vouliez affamer la métropole, pour alimenter les Colonies ; ne seroit-ce pas traiter les Colons en ennemis plutôt qu'en frères, que de leur envoyer des farines dont le prix seroit à celui des farines que peut leur fournir la Nouvelle-Angleterre comme 50 sont à 30. Ah! cessons, Citoyens, de traiter les Français d'outre-mer, et de quelque couleur qu'ils soient, en étrangers; attachés à un sol fertile, ne les condamnons pas à la misère au milieu des richesses; permettons-leur de s'approvisionner de subsistances à la Nouvelle-Angleterre; c'est ainsi que vous inspirerez aux Colonies cet attachement que la confiance inspire aux enfans pour leurs pères. Ce n'est pas la crainte, c'est l'amour qui commande au loin. A force de protection et de bonheur, faites-leur haïr tout joug étranger; et qu'elles se joignent à vous pour repousser toute invasion. Je sais qu'il y a des rebelles à la Martinique et à la Guadeloupe; mais cette rébellion est encore un des crimes de notre ancien gouvernement; mais elle est bien plus le crime des hommes corrompus arrivés de Coblentz pour aller aux Antilles, et chargés aux Tuileries de présider à la dévastation de ces régions lointaines, que celui de ces cultivateurs opulens, qui gagnent tout à la paix, qui risquent tout par la résistance, et qui sont exposés à perdre par la dévastation d'un moment, et le fruit des travaux de leur vie, et jusques aux espérances de l'avenir.

Trois ports sont, depuis 1784, ouverts à Saint-

Domingue, et un dans chacune des Isles-du-Vent, aux vaisseaux de la Nouvelle-Angleterre. Ils ne devroient introduire, par cette voie, que des bois de charpente, des charbons, des poissons salés, du riz et d'autres salaisons ; cependant depuis dix-huit mois, sur-tout, ils y apportent en contrebande une énorme quantité de farines ; et certes, telle est la bisarrerie de cette loi, que vous devez regarder sa violation comme un bienfait ; car vos Négocians ne portant plus, depuis cette époque, de subsistances dans les Colonies , sans cette infraction à la loi prohibitive, ses contrées qui, sous les influences d'un soleil ardent, produisent tout ce qui est superflu , et rien de ce qui est nécessaire à la subsistance de l'homme, eussent été en proie à la famine. Quelle législation est donc celle qui place la famine à côté de la soumission à la loi ! Quelle administration immorale , que celle qui fait de la contrebande un bienfait ! et quelle humiliante reconnoissance ne devez-vous pas à la nouvelle Angleterre, de ce qu'elle a bien voulu violer vos loix ? Cessons enfin de laisser la vie des hommes au hasard d'un trafic privilégié ; déchirons cette prohibition homicide , digne pendant du *code noir* ; ne craignez pas les réclamations du Commerce ; les négocians français ont aussi une ame. Ouvrons donc tous les ports des Colonies aux vaisseaux de la nouvelle Angleterre, et que le superflu de ce pays, si heureux pour la liberté, si riche par ses récoltes de bled, aille en paix porter la sécurité et l'abondance aux Antilles. Indépendamment de ces motifs d'humanité, rien n'est plus conforme aux vues d'une politique judicieuse, que d'intéresser, dans les circonstances présentes, la nouvelle Angleterre à la conservation et à la prospérité de nos Colonies.

Ces établissemens ont trop long-temps divisé les nations. Ah ! qu'ils les rapprochent, qu'ils les lient plutôt pour leur mutuel avantage. Nous faisons une guerre de prohibition au lieu de faire une guerre d'industrie. Chaque nation, en conspirant pour détruire l'industrie de sa rivale, détruit elle-même la sienne ; le commerce qui devoit lier les nations les a divisées ; et ce vain desir d'une prospérité exclusive n'a entraîné qu'une ruine commune.

Mais n'allez pas croire, Citoyens, que ces liaisons nouvelles diminuent les rapports de nos Colonies avec la Métropole, ni qu'elles consomment moins et des produits de votre sol, et de ceux de votre industrie. Quelques principes d'abord, et quelques faits ensuite vont vous le prouver.

Le double avantage qui nous rend la possession des

Antilles précieuse , c'est qu'elles versent en France
une grande quantité de denrées qui sont ensuite re-
portées dans l'étranger ; c'est que, d'un autre côté,
elles consomment nos vins, nos huiles , et tous les
objets de nos manufactures.

Pour que les Colonies puissent consommer une
grande quantité de nos denrées, il faut qu'elles soient
riches. car nos vins , nos huiles , nos toiles et nos
draps ne peuvent être consommés par des peuplades
appauvries ; pour qu'elles soient riches , il faut qu'elles
récoltent une grande quantité de productions ; pour
qu'elles récoltent cette grande quantité de productions, il faut que les colons et leurs ateliers puissent
se procurer des subsistances à des prix modérés ;
pour que ces prix soient modérés, il faut qu'une
grande concurrence pour la vente des objets de pre-
mière nécessité s'établissent dans leur marché ; et
pour que cette concurrence s'établisse , il faut que les
cultivateurs et navigateurs de la nouvelle Angleterre
puissent porter aux Antilles le surabondant de leur
récolte. Le Commerce absolument exclusif de la Métropole avec les Colonies, tend donc à diminuer les
moyens d'industrie et d'exploitation. Si les produits
sont moindres , la consommation des objets contre
lesquels ils auroient été échangés doit donc diminuer

aussi ; et c'est ainsi qu'en croyant favoriser une branche particulière par un privilège exclusif, vous les arrêtez toutes dans leur développement. L'effet de nos loix commerciales doit donc être de tendre graduellement à relâcher les liens de ce monopole ; et certes, c'est aujourd'hui que votre intérêt, votre situation politique, la justice et l'humanité, tout vous en fait un devoir : ce grand bienfait est le seul moyen de conserver les Colonies, et même le seul moyen de les ramener à l'obéissance ; ils sont bien simples ceux qui pensent que, dans l'état actuel des choses, ce n'est que par la Métropole que doivent être approvisionnées les Colonies et que c'est par la force seule qu'elles peuvent être ramenées sous le joug de ses loix.

Des hommes intéressés ne disoient-ils pas aussi, lors de l'arrêt du 30 août 1784, et de l'ouvertnre des ports qui le suivit de près, que le commerce de France étoit anéanti. Eh , bien ! jamais il n'a prospéré comme depuis cette époque. Les négocians anglois ne disoient-ils pas aussi, lorsque la nouvelle Angleterre brisa le joug odieux qui lui étoit imposé par les marchands et les manufacturiers de la Grande-Bretagne, que les ports de la Tamise alloient être déserts, et que, pour le plus grand bien de la cité de Londres, il falloit que l'industrie des 13 Etats-unis fût

enchaînée ; eh, bien ! jamais les relations commerciales des Isles Britanniques avec les Etats-Unis, n'ont
été aussi multipliées, ni aussi lucratives que depuis
que l'intérêt des deux peuples les a ramenés à cette
proportion naturelle que la liberté établit nécessaire-
ment par-tout.

Cette loi, ou plutôt ce principe de justice que
vous consacrerez, doit être, je le répète, aussi
avantageux à la France qu'à ses Colonies ; il sera,
sur-tout, aussi avantageux à la France, si, par une
réduction de droits bien entendus, vous forcez les
armateurs de la Nouvelle-Angleterre à importer en
France les denrées qu'ils auront exportées des Antilles. Les produits de ces Isles apportés par des vaisseaux français, paient, à leur entrée dans nos ports,
un droit de trois pour cent ; c'est là une injustice
que vous réparerez un jour ; car lorsque toutes les
barrières qui séparoient les départemens ont été bri-
sées, vous ne laisserez pas subsister celles qui sépa-
rent les Colonies de la Métropole. Des denrées de
même espèce, portées par des vaisseaux étrangers,
paient des droits beaucoup plus forts ; réduisez-les
également à 3 pour 100 pour les denrées des Colonies importées en France par les vaisseaux de la Nouvelle-Angleterre ; alors vos Colonies seront appro-

visionnées, leurs denrées reviendront à votre enttepôt
de France ; et les produits de votre sol et de vos
manufactures trouveront encore un nouveau débouché
dans les achats que feront dans vos ports les Amé.
ricains.

Je propose donc d'envoyer à la Nouvelle-Angle.
terre deux Négociateurs chargés d'y conclure un traité
de commerce, appuyé sur les bases que je viens d'é.
tablir ; ils devront exiger aussi que les Armateurs
Français éprouvent une faveur égale, et une réduc.
tion de droits semblable, dans les ports de la Nou.
velle - Angleterre.

Ne doutons pas, Citoyens, que le sage Congrès
des États-Unis n'accède à ces ouvertures. Il doit éviter
alors que toutes les Antilles ne deviennent Anglaises ;
il s'y opposera. La justice est mise à la place de
l'arbitraire ; le monopole, ce tyran de l'industrie,
disparoît ; les vastes conceptions de la liberté rem-
placent l'étroit système des réglemens et de la fiscalité ;
vous donnez des loix à des Colons heureux, et non
pas à des cœurs ulcérés, et à des régions dévastées,
plus encore par vos prohibitions que par la révolte ;
vous aimez la gloire, et c'est la seule qui soit digne
de vous ; et, rassurés enfin sur le sort de l'Améri-

que, c'est en Asie, c'est dans l'Inde, dans le centre
de la puissance et du crédit de l'Angleterre, que vous
pourrez porter toutes vos forces ; et peut-être cette
guerre entreprise par le génie d'un visir hypocrite,
contre le génie de la liberté, se terminera-t-elle par
l'affranchissement de toutes les Colonies Européennes.